O MISTÉRIO DO TÊNIS AZUL

Uma investigação de Adélia, Hortênsia, Paulo, Camila, Hugo e você!

Título original em francês: *Le mystère de la basquette bleue*
© Éditions du Seuil, 2019
Rua Gaston Tessier, 57 – Paris, França – 75166

Coordenação editorial: Graziela Ribeiro dos Santos
Preparação: Olívia Lima
Revisão: Marcia Menin

Edição de arte: Rita M. da Costa Aguiar
Produção industrial: Alexander Maeda
Impressão: Bartira

Dados Internacionais de Catalogação na Publicação (CIP)
(Câmara Brasileira do Livro, SP, Brasil)

Bouchard, André
    O mistério do tênis azul : uma investigação de Adélia, Hortênsia, Paulo,
Camila, Hugo e você! / André Bouchard ; [ilustrações do autor] ;tradução
Alexandre Agabiti Fernandez. -- São Paulo : Edições SM, 2020.

    Título original: Le mystère de la basquette bleue
    ISBN 978-85-418-2750-8

    1. Ficção - Literatura infantojuvenil
I. Título.

20-34597   CDD-028.5

Índices para catálogo sistemático:
  1. Ficção : Literatura infantojuvenil 028.5
  2. Ficção : Literatura juvenil 028.5

Maria Alice Ferreira - Bibliotecária - CRB-8/7964

1ª edição julho de 2020
4ª impressão 2023

SM Educação
Avenida Paulista 1842 – 18°Andar, cj. 185, 186 e 187 – Cetenco Plaza
Bela Vista 01310-945 São Paulo SP Brasil
Tel. (11) 2111-7400
atendimento@grupo-sm.com
www.smeducacao.com.br

André Bouchard

O MISTÉRIO DO TÊNIS AZUL

Uma investigação de Adélia, Hortênsia, Paulo, Camila, Hugo e você!

Tradução
Alexandre Agabiti Fernandez

Certo dia, na tranquila cidade de Quirera do Ciscado, aconteceu uma coisa estranha: na calçada da rua Hugo-Victor havia um tênis azul.

"Mas o que isso tá fazendo aqui?", pensou Adélia, plantada na frente do tênis.

— Oi, Adélia, do que você tá brincando? — perguntou Hortênsia, que passava por ali.

— Oi, Hortênsia. Eu não estou brincando, só pensando.

— Pensando? Em quê?

— Nesse tênis azul. Que mistério…

– Oi! Do que vocês estão brincando? – perguntaram Paulo, Camila e Hugo, juntando-se a Hortênsia e Adélia.

– Estamos tentando desvendar um mistério! – respondeu Hortênsia.

– Que mistério? – espantou-se Hugo.

– Esse mistério! – disse Adélia, apontando o nariz para o tênis azul.

– Nossa, eu não tinha reparado nele! O que esse pé de tênis tá fazendo aqui, sozinho? – quis saber Camila.

– É o que a gente tá tentando descobrir! – explicou Hortênsia.

Todos ficaram observando o pé de tênis, em silêncio, por um bom tempo, até que Paulo soltou:

– E se o dono do tênis foi devorado?

– Devorado?! Por quem? Pelo quê? – inquietou-se Camila.

– Por um animal gigante. Muito grande mesmo! Imaginem: um homem passeia tranquilamente pela rua quando, de repente, na esquina, aparece um tiranossauro que o engole de uma só vez, menos um pé do par de tênis dele, que cai bem aqui, *ploft*!

– Eu não sabia que existiam dinossauros na cidade... – replicou Adélia.

– Existem, sim! Eles vêm até as cidades pra se alimentar, porque não têm mais nada pra comer no campo – respondeu Paulo, fazendo cara de quem sabia tudo sobre dinossauros.

– É, pode ser... – comentou Adélia, desconfiada.

– Já sei! – exclamou Hortênsia. – Vocês vão ver que é muito simples: esse tênis caiu do pé de um bebê que estava no colo dos pais ou no carrinho e a mãe e o pai continuaram andando sem perceber.

– Sua ideia é boa, mas impossível. Olha o tamanho do tênis, é grande demais para o pé de um bebê! Só se for de um adulto! – argumentou Adélia.

– Talvez a gente esteja lidando com uma família de gigantes... – opinou Hortênsia, muito séria. – Um bebê gigante deve ter pelo menos o tamanho de um adulto.

– Mandou bem, Hortênsia! Eu não tinha pensado nisso! Mas como vamos devolver o tênis pra ele? Os gigantes já devem estar longe agora... – lamentou Adélia, suspirando.

— Com certeza, mas não vamos demorar muito pra achá-los. Acho que eles não passam despercebidos quando saem de casa, né? – disse Camila.

— Você tá certa. É só a gente olhar ao redor. Não temos como perdê-los de vista! – concordou Hugo.

— Aí poderemos devolver o tênis ao pequeno gigante! – exclamaram todos juntos.

— Humm… pensando bem, desde que moro aqui, nunca vi um gigante, e vocês? – perguntou Hortênsia aos amigos.

— Eu também não! – falou Adélia.

— Esperem um pouco, estou pensando… Quando foi a última vez que eu vi gigantes? – interveio Paulo. – Ah… acho que… nunca vi um!

– E se for uma penardite? – sugeriu Adélia.

– Penardite? O que é isso? – perguntou Hugo.

– É uma doença muito, muito grave: o pé começa a inchar de repente e fica tão, mas tão grande que a única solução é arrancar o tênis – explicou Adélia.

– Uau, eu não conhecia essa doença! – exclamou Hortênsia, um pouco assustada.

– Mas… e depois? O que impediria o doente de sair pulando num pé só, levando o próprio tênis? – observou Paulo.

– Impossível! Quando uma pessoa tem uma crise aguda de penardite, o pé incha tanto que fica do tamanho de um balão e… *bum*! Ela é levada pelos ares até o pé explodir e… *ploft*! Ela cai. Senão, continua subindo até a Lua – explicou Adélia.

– Que horrível! – exclamou Camila, tremendo.

– Além disso, ninguém sabe tratar essa doença! – continuou Adélia.

– Que coisa!

– Ai… deve ser péssimo!

– E se não for uma penardite? E se alguém pisou num chiclete e seu tênis ficou grudado no chão? – propôs Hugo.

– Um chiclete muito, muito grudento, então!

– Exatamente! Mas prestem atenção: não é um chiclete comum, é um chiclete de um CHICLETEANO, a pessoa que vem do País dos Chicletes! Vocês sabiam que lá eles mascam chicletes desde muito pequenos e sem parar? Com o tempo, as mandíbulas deles ficam enormes e megamusculosas. Por isso é que tiveram que inventar chicletes cada vez mais fortes e grudentos.

– Acontece que até os dentes deles ficam grudados nos chicletes...
Mas os chicleteanos não se importam, porque a maioria deles tem dentes
postiços, que podem ser trocados quantas vezes quiserem. Resumindo:
um chicleteano cuspiu seu chiclete na calçada. Depois, o cara do tênis
azul pisou nele, mas, como não conseguiu desgrudar o chiclete do tênis,
acabou abandonando-o aqui – concluiu Hugo.

— É fácil descobrir, basta levantar o tênis — propôs Hortênsia.

— Para! Você quer pegar uma penardite ou o quê? — exaltou-se Adélia.

— Talvez o Hugo tenha razão, mas e se a minha versão da história estiver certa, já pensaram nisso? Eu, hein! Não quero correr o risco de pegar uma penardite tocando num tênis infectado!

— Você tem razão, Adélia, melhor a gente ficar longe dele, é mais garantido — acrescentou Camila.

– Esse mistério tá ficando muito complicado! – notou Camila, enquanto o relógio na torre da igreja batia quatro horas.

Nesse instante, Paulo saiu correndo, aos berros:

– Tenho que voltar pra casa imediatamente ou vou perder o lanche!

– Hora do lanche! – exclamaram as crianças em coro.

Então todos foram embora para casa ao mesmo tempo e o mistério do tênis abandonado nunca foi resolvido.

Caro leitor ou cara leitora, não posso deixar você com esse final... Da minha parte, pensei muito no mistério do tênis azul e acho que encontrei a solução. Compartilho minha ideia aqui com você:

A noite cai na pequena cidade de Quirera do Ciscado. A equipe de detetives já está dormindo. Na rua deserta e completamente silenciosa, o tênis continua no mesmo lugar.

De repente, aparece uma criatura incrível na rua Hugo-Victor, saltitando alegremente.

– Ah! Aqui está ele! Que sorte! – exclama esse curioso personagem, deslizando seu único pé no tênis azul.

Então, outra voz soa no silêncio da noite:

– Da próxima vez, tome o cuidado de fechar a escotilha do seu quarto durante a decolagem!

— Sim, mamãe! — murmura o jovem marciano, retornando à sua nave intersideral.

Com um assobio discreto, a nave decola e, em uma fração de segundo, está a anos-luz da rua Hugo-Victor.

E então? O que você achou da minha conclusão? Bastante convincente, não é?!

Agora, caro leitor ou cara leitora, se você tiver chegado a outra solução para esse mistério, vá em frente. Que a investigação continue!

ANDRÉ BOUCHARD escreveu e ilustrou este livro. Ele nasceu em 1958, na França, país onde mora. Fazia ilustrações para revistas e, mais tarde, começou a ilustrar livros infantis e juvenis, escritos por ele e por outros autores. Seu trabalho tem muito humor, misturando realidade e fantasia, com muita imaginação. Para André, tanto o texto como as ilustrações são importantes para contar uma boa história, por isso gosta de combiná-los em seus livros.

Papel: Couché fosco 150 g/m²
Fonte: Windsor BT